Easter
Word Search

This Book Belongs To

____

____

HAPPY EASTER Word Search Book for Kids

COPYRIGHT 2021 BY Labib Publishing

All Rights Reserved.

A HOLY OCCASION

```
M  V  A  L  T  A  R  A  L  Y  O  S  O  I  S
A  I  A  X  E  L  H  L  P  E  A  P  J  X  W
U  S  A  F  E  I  B  L  B  R  G  R  W  X  A
B  H  C  L  K  V  Y  E  W  R  I  N  R  K  F
Q  C  H  E  C  E  N  L  S  L  M  L  A  A  G
T  H  H  K  N  C  N  U  A  S  C  E  N  T  K
J  R  O  T  K  D  A  I  W  P  K  W  E  R  Z
V  V  W  T  J  J  L  A  K  Q  F  K  S  F  V
I  S  N  N  Y  K  U  C  S  H  B  L  Z  Z  N
B  L  Z  S  S  S  Q  T  V  Q  T  K  L  M  B
H  U  H  I  Z  T  I  M  S  B  W  U  D  Z  Z
Q  R  G  J  F  Z  Y  Y  K  I  Q  Y  C  C  R
S  I  D  N  T  K  M  R  D  C  E  K  C  N  W
W  O  Y  B  F  W  V  X  U  V  B  J  F  M  F
K  F  B  G  S  U  A  P  P  S  M  C  T  C
```

ACCLAIM	ANGEL	ASCENT
ALIVE	APRIL	
ALLELUIA!	ARRAY	
ALTAR	ASCEND	

ASH WEDNESDAY

S S E N E R A W A G N I K A B
B A P T I S M W C X R Q J O C
G A X M P W C M E I Y M I M G
S N S B E H A P P Y S S L N H
B G I K V V U L V A F A X V Y
U T T N E A U X T B E V B S G
U P H U N T P J D A Z V S S Q
S R I S C I J M R X W D V C P
S I U Y U X G E F F R F R C I
H Z D C Z N F E R C W Q N K I
G Z T O O B T T B A C M N D T
R W L U D X A R P E Y F U S Y
Q M A M D Z C J Q Q X J K V Q
F M X H W D M A E R C S N A D
E I V D M T J F X I F B F U X

AWARENESS   AWE   BAKING
BAPTISM   BASIC   BASKET
BE HAPPY   BEGINNING

BELIEF

E	L	B	I	B	L	E	S	S	I	N	G	S	B	N
Y	V	Z	L	R	O	H	C	N	U	R	B	Z	O	T
C	N	E	M	E	P	U	T	E	F	F	U	B	N	U
H	J	N	I	I	S	S	Q	U	E	F	E	H	N	I
X	Z	Z	U	L	P	S	U	U	X	Y	I	U	E	O
P	Z	G	K	B	E	S	E	F	E	K	S	K	T	W
Q	J	P	J	J	C	B	B	D	T	T	N	Y	D	Z
C	K	D	B	U	D	B	I	E	Y	C	W	U	Z	O
I	N	Z	I	J	T	Q	C	K	C	F	D	X	P	C
L	P	I	D	E	X	J	Y	M	Q	M	O	B	T	X
R	A	X	F	F	V	S	A	I	K	M	X	F	H	O
V	K	F	M	R	O	R	P	S	Y	G	U	X	C	Z
T	V	V	J	P	J	W	Y	O	N	C	A	B	S	J
L	Z	Z	F	I	W	V	T	V	S	A	C	T	N	A
Y	C	I	A	K	E	X	W	B	E	O	W	P	C	Y

BELIEVE	BONNET	BUNNY
BIBLE	BOUQUET	
BLESSED	BRUNCH	
BLESSINGS	BUFFET	

BUNNY TRACKS

```
C  Y  J  U  X  F  C  T  O  R  R  A  C  C  C
A  X  D  S  Y  I  A  X  R  C  U  Z  A  A  A
N  N  T  N  G  J  P  U  X  C  G  J  R  T  T
D  P  O  J  A  I  T  Y  C  H  H  R  R  H  H
L  J  V  I  E  C  U  O  R  B  Y  O  O  E  O
E  S  P  E  T  A  R  B  E  L  E  C  T  D  L
S  U  D  Q  V  A  E  O  D  B  F  S  P  R  I
C  Q  D  Y  Q  B  R  K  O  A  V  D  A  A  C
U  P  V  F  T  S  X  B  O  K  P  D  T  L  C
X  S  O  H  S  S  H  E  E  X  T  E  C  T  S
N  M  M  G  P  K  I  W  B  L  M  N  H  D  A
L  Y  R  F  M  R  W  W  A  C  E  Z  I  X  B
K  G  Y  T  X  R  B  I  V  M  H  C  N  L  K
I  U  L  I  U  J  L  D  Z  Z  U  K  R  J  N
M  J  Q  F  V  X  K  F  S  J  C  C  B  Y  E
```

CANDLES	CARROT PATCH	CELEBRATION
CANDY	CATHEDRAL	
CAPTURE	CATHOLIC	
CARROT	CELEBRATE	

CHAPEL

S C H I L D R E N C H O I R A
T K C H O C O L A T E H O J G
N S C Y W P I U P J T D T N E
Z A I I T K W V O Y X Q V B Z
L M I R H I Y T T I J N I H T
B J T T H C N U F S Y G H B P
Z F E B S C Z A S W U T L B F
X C U O Y I R V I C S P G P K
L G D O A Z R K P T Z Z A T Q
V F O R R H K H S W S H W H K
T P I E K G O M C T G I Z J K
R X B S D L V Z Z Z E D R Y M
S P O S M W R P X B G X G H K
P J Y U Q H J C J O N S U Z C
Q S O T B I U Y Q W C U J G J

CHICKS   CHILDREN   CHOCOLATE
CHOIR   CHRIST   CHRISTIAN
CHRISTIANITY

CHURCH

```
C  O  L  L  E  C  T  I  O  N  C  C  C  Y  D
O  O  E  N  W  F  B  V  N  G  O  O  D  C  W
L  O  L  T  O  G  R  G  C  O  M  M  Y  Y  U
O  Q  D  O  A  I  D  N  D  U  F  M  T  C  J
R  E  I  Y  R  R  N  F  G  L  O  U  V  N  Z
V  H  S  L  C  I  O  U  U  L  R  N  I  U  A
N  R  U  M  N  J  N  M  M  Z  T  I  Z  H  R
I  T  V  Z  D  Z  E  G  E  M  C  T  K  Y  C
K  J  Q  M  Y  O  U  W  O  M  O  Y  E  Y  W
F  M  A  U  X  Q  R  W  Z  S  M  C  G  L  A
C  G  K  L  B  G  R  F  X  P  G  O  B  R  O
I  K  O  S  P  M  W  N  B  P  C  F  C  J  P
S  W  X  S  L  I  L  U  Q  Q  W  O  N  H  A
K  S  B  J  Q  O  T  L  A  L  L  U  E  U  C
P  K  K  X  U  Y  F  P  E  A  H  Q  K  A  R
```

COLLECTION	COLOR	COLORING
COMFORT	COMMEMORATE	COMMUNION
COMMUNITY		

Puzzle #7

CONFECTION

```
N  O  I  T  A  G  E  R  G  N  O  C  C  F  Y
C  O  N  V  E  R  S  I  O  N  C  O  R  N  J
C  O  T  T  O  N  T  A  I  L  V  V  U  Z  G
C  R  O  S  S  G  W  R  D  G  Y  E  C  A  V
R  V  U  Y  F  I  C  U  R  C  P  N  I  Y  J
P  C  M  C  E  R  U  T  L  U  C  A  F  U  B
G  J  A  L  I  E  H  Q  O  C  V  N  I  Y  J
J  Q  Z  U  O  F  L  H  J  E  F  T  E  D  M
G  O  E  E  K  Q  I  P  R  H  R  H  D  Y  T
H  Q  Y  C  B  Q  G  X  T  G  R  R  N  G  M
C  O  W  N  L  X  J  U  I  S  B  Y  Z  O  D
C  A  J  D  E  M  E  G  A  O  W  U  J  W  V
R  D  V  W  B  K  M  G  A  M  N  R  S  Q  F
D  K  B  B  G  L  H  U  M  I  U  V  O  A  I
J  D  J  T  S  K  J  R  U  F  I  T  T  K  J
```

CONGREGATION	CROSS	CULTURE
CONVERSION	CRUCIFIED	
COTTONTAIL	CRUCIFIXION	
COVENANT	CRUCIFY	

Puzzle #8

CUSTOM

L	I	D	O	F	F	A	D	B	H	Z	C	D	O	U
D	A	Y	O	F	H	O	P	E	X	X	E	E	I	M
E	N	D	S	G	G	E	E	T	A	R	O	C	E	D
X	T	O	E	N	H	V	G	R	O	T	A	O	L	X
C	M	A	I	F	W	E	U	Q	B	B	H	R	I	E
P	U	R	R	T	E	P	S	P	F	L	U	A	E	X
Q	Z	X	L	O	A	A	Q	C	H	G	K	T	S	U
P	A	U	Z	L	C	R	T	K	B	T	K	I	X	O
R	Q	N	B	P	J	E	O	D	V	W	B	V	V	N
J	C	D	Q	S	Z	A	D	C	E	A	I	E	F	R
D	E	L	I	C	I	O	U	S	E	A	B	V	B	K
T	I	L	D	L	D	I	F	V	K	D	T	I	K	M
R	X	P	E	P	P	G	K	J	Z	K	Y	H	T	N
W	K	Q	O	O	X	U	B	I	G	G	A	H	A	T
Q	Y	W	S	Q	A	S	Z	S	R	K	P	Y	H	K

DAFFODIL

DAY OF HOPE

DEATH

DECORATE

DECORATE EGGS

DECORATION

DECORATIVE

DEFEAT DEATH

DELICIOUS

DELIGHT

```
D  E  D  E  D  N  T  L  D  I  S  P  L  A  Y
I  E  T  E  N  D  P  B  I  O  I  P  V  D  E
E  D  L  A  V  I  Q  L  N  Y  S  F  G  W  L
C  G  I  I  R  O  D  N  N  E  E  V  I  Y  B
P  S  M  S  G  T  T  L  E  N  R  L  T  D  L
H  V  R  F  C  H  S  E  R  G  O  E  J  K  A
Q  Y  M  M  H  O  T  N  O  Y  W  W  A  C  D
M  E  G  H  D  T  V  F  O  R  F  O  W  U  J
I  H  P  B  O  H  S  E  U  M  B  L  D  I  A
A  N  J  R  F  E  G  P  R  L  E  A  Z  P  X
F  B  T  S  V  E  O  W  M  Y  B  D  F  J  R
V  C  D  I  J  K  W  M  F  B  L  B  M  V  T
P  S  I  T  I  R  I  T  I  T  E  P  W  Z  H
T  W  K  F  P  Y  D  Z  M  T  M  S  L  J  V
C  J  D  Z  L  D  T  W  H  Z  X  A  N  X  M
```

DELIGHTFUL	DEMONSTRATE	DEVOTE
DIE	DINE	DINNER
DISCOVERY	DISPLAY	

DUCKS

D D E E Z P E K E C Z J U U C
G Y Y A A Q A J A Q X I P E G
N V E I S S S Y S D X I D B I
Z B L D N T T I T R A L U B J
F K E F E G E E A X A Y B O
W H D X O G R R R E N J I Y W
R V Z I Y X G V B B C N S D Y
D H D M Z N U S E A R T Z P Q
M T U F S B Y A L D S U J L E
J I P A M O Z B L F D K N Y Z
G I V S Y V V S S Y X B E C Z
I T Y O K F C Q M T Y J F T H
T K P I V T S S F U R J Y C O
W C M E P M A O O U L M K Z R
C B S U S A D S E A H L M Y N

DYE   DYED EGGS   DYING
EASTER   EASTER BASKET   EASTER BELLS
EASTER BRUNCH

Puzzle #11

EASTER BUNNY

S E A S T E R F E A S T X M Y
A S A M E A S T E R H A M U R
D E E S E S X O H A X N X K U
Y M B R T T R P B F U U P R D
D E U F D E Q C O F S W R G K
R Z H I A R R Z M O Q A W N O
S S K Q R E E F K K Y O D G L
N W A Q Y G W T L F V Q J D U
G V L O Y G P U S O F T P O L
R I J F F I S L I A W K N E N
P E P J H B A N V U E E B W B
Y Q L H I S M W K H D X R P E
Z W J E R N P Z L V B K Q S E
L E O M V L R N K N Q O C Z Z
O U T D K D X F H E X M X U X

EASTER DRESS   EASTER EGG   EASTER FEAST
EASTER FLOWER   EASTER HAM

EASTER MIRACLE

T	E	A	S	T	E	R	S	T	O	R	Y	C	L	I
T	I	A	S	T	A	E	R	T	R	E	T	S	A	E
X	G	F	S	J	T	W	L	B	H	K	X	N	U	Y
H	I	X	T	T	B	A	Q	I	D	R	P	Q	S	M
K	A	K	J	U	E	G	K	C	G	O	S	D	J	N
R	S	B	U	Z	O	R	X	F	H	L	V	E	W	F
W	B	O	U	R	A	R	P	X	J	V	T	R	C	F
O	P	F	N	J	R	I	E	A	C	T	H	N	H	M
Z	L	D	C	B	U	K	W	T	R	M	V	D	T	X
S	G	S	B	N	A	F	V	O	S	A	N	R	M	A
F	L	K	N	B	I	Z	E	F	T	A	D	F	D	K
E	P	G	Q	K	L	F	B	D	U	W	E	E	H	J
O	A	R	E	R	O	C	B	T	X	P	K	A	Y	S
O	D	X	S	W	N	H	I	X	W	F	I	R	S	A
L	B	M	P	U	O	P	D	Y	Y	T	G	P	M	T

EASTER OUTFIT   EASTER PARADE   EASTER STORY
EASTER TREATS

EASTER SERVICE

```
E  L  G  E  G  G  C  E  L  L  E  N  T  X  L
D  D  A  G  T  E  G  G  C  I  T  I  N  G  D
E  E  I  C  E  N  D  G  C  D  Q  L  X  D  H
E  G  T  T  I  E  E  S  U  V  X  D  Y  O  T
O  B  G  I  R  N  V  M  X  P  P  V  D  K  F
H  X  O  S  C  E  E  V  E  V  H  U  C  V  L
U  J  Y  B  A  G  T  M  O  T  Z  O  O  F  Q
H  N  Q  B  P  C  G  S  U  O  I  X  F  I  M
Q  H  X  K  Q  F  T  E  A  C  H  C  Z  I  F
E  U  V  Q  U  N  N  L  F  E  E  V  G  K  Y
Z  P  V  M  V  Z  Z  G  Y  P  W  A  J  G  F
L  N  A  A  V  J  M  Y  L  E  Q  O  P  J  E
Z  A  G  O  V  V  J  B  E  P  S  J  D  R  I
J  U  M  C  U  B  U  C  R  I  O  D  G  Z  E
C  T  Y  X  R  Q  O  N  C  H  A  G  Y  P  R
```

EASTERTIDE	EGGCITED	EGGSACTLY
ECUMENICAL	EGGCITEMENT	
EGG	EGGCITING	
EGGCELLENT	EGGS	

EGG-SHAPED CANDIES

```
E  G  G  S  P  E  C  I  A  L  L  Y  T  O  T
T  G  E  M  E  R  T  S  G  G  E  U  T  C  T
T  R  G  N  H  R  M  N  L  F  U  R  W  B  L
O  N  E  S  I  W  U  X  E  Y  S  E  W  C  S
I  F  E  P  P  A  S  D  X  M  I  U  V  B  B
H  O  I  M  S  O  T  J  Z  R  T  O  J  R  Z
J  L  V  B  E  G  S  R  C  U  T  C  A  N  W
S  G  W  I  O  G  G  E  E  M  F  I  A  K  Q
F  L  K  O  V  H  A  E  D  T  P  Y  T  N  C
B  C  V  F  B  R  B  R  K  T  N  E  N  K  E
N  I  C  J  E  M  M  H  U  L  T  E  Q  E  A
S  S  M  A  A  W  I  G  W  O  X  O  X  P  V
P  E  C  R  W  V  B  J  G  L  C  R  R  C  M
S  P  P  C  F  I  S  T  R  D  K  N  M  U  U
O  K  D  M  W  U  B  U  I  A  V  W  E  H  G
```

EGGSPECIALLY	EGGSPERT	EGGSPOSED
EGGSTREME	ENACTMENT	ENCOURAGEMENT
ENTERTAIN		

ETERNAL

E Y E U C H A R I S T F E E G
G F T X K F T Y F S S A X B P
E N I I C V M I B X J C P Q N
D L I L N I R K A M Q I R D E
Q L W T L R T Q X F M L E O M
M J P J S A E E J W B I S G O
Y V M Z Q A N T M T P T S A Z
N U U Y B K L R E E K Y I E H
U W Q W Q P E R E N N N O K Y
Y A X Q O Z M I E T Y T N A T
X D K X A E Z G W V E Y U J Y
A H Y B Z U H S T U E H I P A
W F B M C E O B H P D X Q C S
T R A X Y X Q X E Q T C U B W
Q Q F S E R E H C H Q U U K Q

ETERNAL LIFE	ETERNITY	EUCHARIST
EVERLASTING	EXCITEMENT	EXPRESSION
FACILITY	FAITH	

Puzzle #16

FAITHFUL

```
Y  F  A  S  T  K  F  E  O  L  F  D  N  I  F
V  L  E  T  V  T  A  M  R  P  E  E  I  K  E
W  T  I  A  N  B  U  P  Z  U  S  Q  G  D  S
Y  C  V  M  S  B  X  C  U  Y  T  I  V  P  T
A  O  L  H  A  T  G  A  N  M  I  A  E  T  I
U  P  C  E  B  F  R  Q  L  Q  V  I  E  D  V
S  N  U  O  X  V  A  A  L  Y  A  J  G  F  E
K  J  V  M  W  X  S  U  F  H  L  A  H  G  V
M  W  U  J  B  P  S  F  I  N  D  E  G  G  S
P  V  X  C  E  C  S  T  A  F  M  Z  W  D  C
Z  F  J  C  K  F  E  S  C  J  T  D  R  S  M
A  S  O  U  L  O  U  H  K  K  O  V  U  A  Q
Y  G  G  E  R  W  Q  T  J  I  N  G  A  N  D
I  S  F  A  V  P  B  K  D  N  N  T  J  D  Z
D  K  R  A  N  W  Z  A  I  O  P  X  D  I  Q
```

FAMILY	FEATURE	FIND EGGS
FAST	FESTIVAL	
FAUX GRASS	FESTIVE	
FEAST	FIND	

FINERY

S R E W O L F H G P B F F E D
N S T N S N O O T G R R R B T
K Q E N U F O Y C M K E I S I
V J X N E T D C Y U T E E X A
D Z X Q E U R I I U S D N O Y
W M L V Q V Q O L N C O D I A
Y Z N E R F I E F Y M M S K S
V V C H Q H G G R X X M H B O
Y H F S H D S Z R F E L I R Q
G E N L Y V K C S O B P P B P
J C M A H B H H R H F B S X N
Z K N C W V B Z I R U M K P Y
L A I Z Y A K Z P A U X M N Z
A J F W K Q P B X J L B E K E
D B B E F P H B S Y O E H Y B

FLOWERS   FORTUNE   FRIENDSHIPS
FOCUS   FREEDOM
FOOD   FRENZY
FORGIVENESS   FREQUENT

FRILLS

```
F U N C T I O N G I F T S U V
L U G U I S U O I R O L G V B
Q A N N B M Y R O L G U A T V
E F T S I N O H Z U Z C G Q S
Q V N N J R H N E N V R A X P
X N I K E A E P O R J C N Y B
A H Q X U M W H T R R M S C Y
Q J H M K F A T T L T Z J O K
Q O M G L S Z D J A I S G I K
X W U M E P R W N Q G P A T F
X T R F T W J Y F U E E P G J
S T P X B L A S T M F O M Y X
D K A D G U T K J E H L A N N
S D N R N W F F C U D A F E R
I B V T O B N Z N T P A G E D
```

FUN   FUNCTION   FUNDAMENTAL

GASTRONOMIC   GATHERING   GIFTS

GLORIOUS   GLORY

GO TO CHURCH

G O D S G O S P E L S F J J F
E O N T E R B S V I H Z F T B
P D O E K I A M A Y U O P H H
B A U D E Q D V E R F C D J Q
U E G T F R U O E B G E W G L
S G Y L I R G B O X S C C W S
Y M W P B T I N X G F G T F H
G X A T R G A D A E I P J I W
A S L Z N V D R A N G A V A A
G Z Y F Q Z O M G Y T H P P V
J M N J F N V L Y G S R F H A
B D I S G U E R P R U T P A W
Q E U N W P B J I J K N Y U E
U X C A P L B S U Q T B L W M
B Y P U C M Z D O H T R X D R

GOD	GOSPELS	GREEN
GOOD FRIDAY	GRASS	
GOODIES	GRATITUDE	
GOSPEL	GRAVE	

GUEST

```
E  T  L  I  U  G  H  M  H  A  P  P  Y  D  P
R  D  D  H  Y  F  H  A  A  H  I  J  D  L  K
L  E  I  E  A  J  C  C  L  H  D  A  B  N  W
K  Q  T  U  L  T  P  L  Y  L  O  B  J  R  M
Z  F  F  S  G  I  C  L  H  C  O  R  Z  K  R
Z  S  K  J  A  Y  O  H  Z  V  Q  W  R  G  N
C  U  D  M  E  E  F  B  I  C  Y  Q  E  N  Y
S  W  C  A  G  U  Y  L  D  N  S  Z  F  D  D
S  P  G  M  U  W  B  P  M  R  G  G  N  Q  S
V  P  M  K  N  H  S  B  P  Q  A  E  D  R  L
S  K  E  B  L  H  B  Z  R  A  N  H  G  A  G
W  N  D  M  S  A  J  B  N  K  H  W  E  G  D
T  B  A  D  G  M  R  Z  X  R  G  Y  R  X  S
F  Z  Q  R  I  C  U  E  B  K  Y  A  W  K  X
N  U  D  X  V  C  R  Y  G  M  J  D  X  I  Y
```

GUIDE	GUILT	HALLOWED
HAM	HAPPY	HAPPY EASTER
HARDBOILED	HATCHING EGGS	

Puzzle #21

HATCHLINGS

H N E V A E H Y G T Y O F R H
A R E S P T I G L N D P X T Q
T V E D G J D H E N I K C T N
S X Y T D G E C X G E D O K U
F R Q B F I E E S K D V I Z U
I S J J M A H E Y U V G A H S
U A G E S J E J D P O Z C E P
Y U Z A I C U R L I J F C E H
D T J P N F N U E Z H T I D Q
M B E P B F C T Z H Y U Q B F
N R J B F B Q T M M K R C Y C
B R N C Y A K X E A M O Y J Y
P X V N I G C R S Q E L U I T
S J T U A J E S T M I Q Z N P
E H E J F R N H U M N A I W J

HATS

HEAVEN

HEAVENLY

HEREAFTER

HIDDEN

HIDE

HIDE EGGS

HIDING

HIPPITY-HOP

```
Y  H  Y  A  D  Y  L  O  H  H  K  A  F  Q  Y
M  A  O  L  K  H  N  T  N  O  O  M  P  L  Q
I  G  D  L  O  E  T  I  S  Q  M  N  I  F  Q
F  D  G  I  L  H  E  U  G  B  O  E  O  P  E
J  G  C  Y  L  E  D  W  D  M  R  Z  C  R  E
W  S  W  Z  U  O  R  J  Y  R  N  P  C  S  Z
C  F  Y  C  C  E  H  L  B  L  A  F  G  V  H
Y  A  D  R  U  T  A  S  Y  L  O  H  Q  P  D
S  N  Z  Z  H  B  M  B  Q  J  I  H  Y  X  N
Q  Q  Y  F  A  H  W  Y  I  K  N  S  A  Q  P
J  C  A  N  V  P  G  J  S  W  Q  I  G  U  W
W  N  B  V  I  L  M  L  M  E  B  K  Q  F  I
Q  L  C  P  R  E  X  C  X  T  L  J  T  E  I
U  U  A  V  I  A  K  O  C  F  C  I  G  B  A
J  R  X  B  N  B  Q  Z  Y  R  H  M  U  B  C
```

HOLIDAY	HOLLER	HOLY
HOLY DAY	HOLY SATURDAY	HOLY WEEK
HOME	HONOR	

Puzzle #23

HOP

H	Y	H	O	T	C	R	O	S	S	B	U	N	S	N
I	O	P	U	I	M	P	A	C	T	B	J	C	K	K
F	M	P	P	N	I	N	D	U	L	G	E	G	K	X
W	C	M	E	O	T	M	D	X	G	J	Q	H	T	O
M	J	Q	O	H	H	W	B	J	Z	Z	K	X	C	S
S	U	O	I	R	T	S	U	D	N	I	S	Y	Z	T
A	P	K	T	U	T	U	Z	W	L	E	K	I	F	W
F	S	C	G	J	V	A	I	I	Z	M	X	G	U	E
V	I	B	B	Z	H	X	L	I	T	E	J	M	S	K
U	S	X	G	T	K	T	E	J	A	R	R	E	L	C
B	C	P	T	Q	J	Y	L	E	U	R	T	W	L	B
O	A	E	L	T	H	R	R	A	A	A	T	S	A	L
B	N	N	J	B	B	J	W	L	L	A	P	O	L	U
F	O	Z	I	I	C	H	P	Q	R	O	Y	L	T	R
A	O	D	J	I	R	E	S	H	R	Y	H	S	M	R

HOPE	HOPPY	HOTCROSSBUNS
HUNT	IMMORTAL	IMPACT
INDULGE	INDUSTRIOUS	

INFLUENCE

```
N  I  N  S  P  I  R  A  T  I  O  N  A  L  I
J  O  E  L  B  I  T  S  I  S  E  R  R  I  N
E  J  I  J  E  S  U  S  I  T  D  O  V  E  T
L  E  Y  T  S  I  R  H  C  S  U  S  E  J  E
L  R  M  O  A  V  M  S  L  B  W  V  Q  R  R
Y  U  J  F  J  R  K  X  B  M  C  S  M  G  A
B  S  S  A  R  O  I  G  J  Z  G  S  F  S  C
E  A  R  J  O  L  O  P  O  H  S  O  T  Y  T
A  L  V  B  N  O  B  A  S  T  W  Q  W  O  I
N  E  W  A  U  Y  X  P  C  N  G  J  C  U  O
S  M  C  U  E  L  P  A  I  O  I  K  B  M  N
W  F  G  O  E  N  D  B  H  Y  E  N  L  R  C
T  Q  S  W  Q  H  G  C  T  L  F  W  H  I  W
U  J  O  T  M  T  F  K  F  Y  B  Y  O  L  P
N  G  V  V  R  U  K  E  O  G  F  R  B  T  G
```

INSPIRATION	JELLYBEANS	JOY
INSPIRATIONAL	JERUSALEM	
INTERACTION	JESUS	
IRRESISTIBLE	JESUS CHRIST	

JOYFUL

```
S  J  U  B  I  L  A  N  T  K  I  S  S  E  S
M  U  U  L  E  E  N  K  B  B  E  T  A  I  F
R  O  O  B  G  F  Y  D  U  M  K  E  Y  N  J
O  P  D  Y  I  P  W  Z  L  L  A  U  N  C  H
S  Q  X  G  O  L  W  Z  S  X  U  L  G  F  T
L  O  O  R  N  J  A  G  L  B  K  O  D  J  S
E  V  Q  G  G  I  I  T  S  U  H  D  J  Q  X
F  R  M  Y  B  Z  K  K  I  U  C  E  M  E  E
M  Q  X  D  E  N  T  Y  V  O  C  U  X  V  S
S  P  O  D  B  I  L  Y  B  Y  N  A  C  Z  Z
J  Z  M  R  V  U  E  P  N  N  C  W  R  M  T
U  A  U  Y  S  U  A  F  O  G  F  U  S  A  P
M  E  U  G  H  O  C  X  A  G  L  J  I  E  H
R  D  Y  J  Q  Y  A  I  W  Y  D  U  C  Z  X
X  R  Y  I  G  X  P  N  Q  J  D  O  P  Q  B
```

JOYOUS	KINGDOM	LAUNCH
JUBILANT	KISSES	
JUBILATION	KNEEL	
KEEN	LAMB	

LAVISH

T N E L S Y Y O Q U U Y N C G
S H Y F E E L G N L Y J X U G
L E G R I N I I R M D D P G I
X J L I O L T L L U F E V D U
F T P D L L D E I K T F F W N
A E I L N V G S N L O I D Y E
K F J X C A F N G T Q S L H G
G T G Y Y Z C P I Q Y S F R M
I Y C O J D I T I E X G O W P
A Z M B Z W Z K H P V K Z M N
J U A M I N K T U G C I C E E
O P E I Q X I F Q C I Q L B E
A S G B Q Y G Z P Z T L L Z O
J V O I Y J H D W F Q E G A H
A M C Q J M O A H J Z Y V L Y

LENT	LIGHT CANDLES	LIVE IN GLORY
LENTEN	LILIES	
LIFE	LILY	
LIGHT	LITURGY	

Puzzle #27

LORD

Y	L	E	V	O	L	M	A	R	C	H	S	S	A	M
N	M	U	M	E	A	N	I	N	G	Z	S	L	W	V
D	O	A	X	C	O	O	B	N	V	U	F	R	P	C
K	G	I	R	U	D	L	F	B	G	W	V	Q	A	V
K	M	W	T	S	R	M	W	X	D	E	S	R	C	M
N	U	Y	L	A	H	I	Q	J	L	X	S	C	O	G
N	N	O	Y	S	T	M	O	O	S	Q	G	B	B	M
I	C	G	V	S	N	S	A	U	Z	I	H	W	I	N
J	R	D	G	J	U	M	E	L	S	G	Q	P	Z	L
D	W	X	W	K	G	U	A	F	L	O	U	N	L	Z
L	U	F	E	U	G	V	M	J	I	O	Y	F	U	V
S	P	W	V	C	G	F	Q	J	O	N	W	K	Q	J
S	L	N	Y	I	Q	Q	I	L	U	I	A	S	S	W
C	H	P	E	Y	F	U	N	D	L	C	U	M	T	T
N	C	M	G	I	P	X	Q	Z	L	C	L	H	Y	F

LOVELY LUXURIOUS MANIFESTATION

MARCH MARSH MARSHMALLOWS

MASS MEANING

Puzzle #28

MEANINGFUL

```
N  O  I  T  A  T  I  D  E  M  W  C  Z  I  Z
S  R  E  B  M  E  M  E  R  C  I  F  U  L  D
M  E  S  S  A  G  E  Y  L  K  N  B  N  E  V
M  B  I  U  S  A  A  Z  R  C  B  N  N  V  U
J  P  J  R  O  V  Z  Z  I  T  A  R  D  C  Z
X  D  T  I  O  L  Y  T  C  F  S  R  J  U  H
T  A  E  O  U  M  U  I  W  H  S  I  I  W  V
D  R  L  B  L  C  E  C  R  X  X  X  N  M  Y
C  H  I  V  L  L  H  M  A  L  A  I  P  I  K
Q  H  A  X  P  F  E  G  E  R  U  Z  I  U  M
P  L  F  A  N  I  Q  R  P  U  I  A  I  K  N
C  M  T  A  S  B  X  R  L  O  X  M  U  J  V
S  C  P  W  X  F  M  E  D  I  J  I  N  K  D
B  D  W  L  A  J  A  L  G  E  S  G  A  F  J
G  K  H  E  W  Z  P  G  I  M  V  V  X  J  V
```

MEDITATION	MESSAGE	MIRACULOUS
MEMBERS	MINISTRY	
MEMORIES	MIRACLE	
MERCIFUL	MIRACLE	

MISSION

G	C	I	S	U	M	N	T	W	E	N	N	U	O	E
S	N	N	C	T	X	Z	A	S	U	F	E	U	F	C
S	E	I	R	F	J	G	L	R	E	H	V	K	T	J
D	H	H	N	O	Y	P	I	M	T	N	E	B	W	Q
V	R	T	T	R	B	U	R	I	X	H	R	M	I	G
W	C	V	V	O	O	W	A	M	K	Z	E	Z	J	S
M	F	J	X	D	L	M	E	S	O	U	N	X	K	X
I	L	T	G	V	M	C	B	N	S	O	D	L	Y	F
R	I	O	L	B	I	P	W	S	U	H	I	N	O	C
M	C	Z	U	R	W	K	D	E	W	Y	N	P	L	H
L	Q	O	O	J	Q	V	P	H	N	B	G	Z	H	V
W	V	E	K	U	W	S	S	P	B	B	B	I	K	O
J	Q	N	S	S	G	M	X	V	U	O	A	D	I	P
Z	Y	I	Z	V	J	J	U	S	N	J	L	T	O	V
A	J	C	T	C	P	S	S	C	B	P	Q	H	O	G

MORNING	MUSIC	NARTHEX
NEST	NEVERENDING	NEW
NEW CLOTHES	NEWBORN	

NEWTESTAMENT

```
D Y E S O F F I C I A L O O A
P E S L U W L C U E Q G B V E
B A E I B O Y F P H X F S A F
Z O L R O A R B I K B Y E T G
A Y S M C N E E B R Q N R I B
G O U Q R E E C M N M J V O E
Z E H L P K N K I U D I A N E
D U D R T R W E P T N O N B Y
O U T R E A C H C O O H C Y N
V N E Z T T Z L S I K N E F J
T N D N E Z G B Y U N W J O B
U L M O M Q Y R Z H F W B J H
M S G O N L Z F J J A U M J I
D C A D Z F U R D I X R G M D
K U K N L B M T K W N V K T G
```

NICENECREED	OBSERVANCE	PALM
NOISY	OFFICIAL	
NOTICEABLE	OUTREACH	
NUMEROUS	OVATION	

PALM SUNDAY

P E R P A R T A K E I L L M S
N A D E P A S S O V E R C K B
L O P A N S E I R T S A P U C
E E I E R O B P P G V U B U G
S T T S R A I F R G C N Z G V
W M U S S V P H D C V S Z B S
F M D B A A U O S C I G J R Z
A M U Y I P P L R I A I J W I
X Z E G R R D J H F R C F I Z
A I J G R J T D W A L A N K X
Q Q Y K Y G R Y H A Y I P C C
S N D S F J H D A P A N H A Y
E V M K Y O W O Y P S P Z C M
Q Z M G Q A Y T E I F K P M N
Q L Y M Z D D L H E Y D O B V

PAPER	PASSION	PAY TRIBUTE
PARADE	PASSOVER	
PARISHIONER	PASTEL	
PARTAKE	PASTRIES	

PEEPS

T	S	O	C	E	T	N	E	P	M	K	P	A	W	P
P	E	R	F	O	R	M	A	N	C	E	N	R	J	R
P	L	P	O	S	I	E	S	Y	X	T	U	I	A	A
Z	R	A	P	O	W	E	R	T	Z	V	U	O	P	Y
H	I	E	S	R	M	O	L	V	R	A	A	G	S	E
I	I	A	A	T	Z	W	Q	U	C	E	W	X	J	R
R	X	J	F	C	I	I	U	H	H	J	D	A	U	F
N	M	G	T	G	H	C	M	E	B	D	Q	Q	X	N
M	M	E	V	U	V	O	E	F	P	F	I	A	B	D
A	C	T	W	W	F	D	H	G	T	Q	V	C	G	W
M	H	A	Q	E	R	C	K	I	G	Q	D	K	K	Z
I	F	V	C	E	K	B	D	V	J	S	A	W	T	N
O	C	S	X	Q	M	Z	D	Z	B	F	P	C	Z	E
V	W	L	N	Z	N	D	N	Z	I	D	E	N	X	S
Q	E	D	B	P	B	C	B	G	J	C	M	L	I	A

PENTECOST	POSIES	PREACH
PERFORMANCE	POWER	
PINK	PRAY	
PLASTICEGGS	PRAYER	

Puzzle #33

PRIORITY

E P R I Z E P U R P L E P M T
Y G R Y Y A T R Q T B P R P W
J A E O F K K O O P N U O B K
S Q D L G I T V M T W R T T I
T M H N I R R K W O E Y E D I
J T A W U V A U A L R C S J J
Z E U A L S I M P O X P T D R
T D N K R Q M R C K I L A S B
Y E F B W P M L P U D W N L E
U G R X F P K L A N S J T Z T
N N H I T Z M O L S V V W A U
V N C F Q J S J K X P R G Z M
I G T I T I I Y R P T K F Y G
I Y C T T D O W K D O R S L X
O B Y K Z K D U Q H C Z W F Y

PRIVILEGE   PROTECT   PURPLE
PRIZE   PROTESTANT
PROGRAM   PSALMSUNDAY
PROMOTE   PURIFY

Puzzle #34

QUAINT

T	R	A	B	B	I	T	E	K	C	A	R	F	V	Q
R	S	A	R	E	B	I	R	T	H	K	C	P	Y	L
O	E	E	I	R	E	F	L	E	C	T	I	O	N	G
F	N	A	U	S	R	E	J	O	I	C	E	Z	U	G
Q	H	N	D	Q	E	V	B	G	X	D	G	Y	E	P
B	K	V	F	I	T	V	S	T	S	G	I	W	V	G
U	J	B	A	Q	N	J	O	R	Z	D	U	D	D	W
P	W	J	Z	D	T	G	H	I	W	E	U	V	W	Y
Y	P	T	I	O	R	P	S	K	C	J	I	T	Y	J
Z	E	A	I	J	L	J	Y	G	U	E	X	A	B	K
I	Z	D	E	J	C	Q	U	P	L	Z	S	R	W	U
C	E	Z	K	M	Q	I	I	B	M	S	B	T	N	W
F	W	R	I	T	O	E	U	O	D	A	O	L	E	V
X	R	U	C	F	D	F	V	W	Q	N	Z	G	O	X
G	W	A	T	I	Y	S	A	P	L	H	B	B	N	B

QUEST　　　　　　　RABBIT　　　　　　　RACKET

RAISE VOICES　　　READINGS　　　　　REBIRTH

REFLECTION　　　　REJOICE

RELIGION

R	E	M	E	M	B	E	R	W	N	L	R	F	D	W
E	R	E	P	E	N	T	E	G	F	J	E	U	D	C
L	F	T	E	E	O	S	N	C	S	B	O	N	Y	M
I	I	I	C	J	U	I	E	Z	M	Y	R	K	Q	U
G	W	Q	L	E	Q	G	W	H	D	J	I	X	A	F
I	T	D	R	D	R	D	A	I	O	M	E	B	G	D
O	E	C	M	Q	E	R	L	Q	Z	X	N	P	N	G
U	A	D	Y	E	K	W	U	H	F	C	T	P	H	H
S	F	F	A	V	Q	B	E	S	B	A	A	J	E	W
W	B	F	D	W	X	Z	U	N	E	Q	T	Y	M	C
B	B	W	E	N	Y	R	L	R	E	R	I	T	O	Q
T	H	Z	E	H	V	U	I	K	P	R	O	V	B	E
R	E	S	E	R	V	A	T	I	O	N	N	K	B	R
F	R	D	V	L	R	D	D	J	H	C	Z	F	N	O
Q	U	O	I	V	U	H	I	C	K	X	K	H	Q	M

RELIGIOUS   RENEWED LIFE   RESURRECT

REMEMBER   REORIENTATION

RENEW   REPENT

RENEWAL   RESERVATION

RESURRECTION

```
N  R  U  T  E  R  E  V  E  R  E  D  K  L  G
E  E  S  I  R  B  I  A  R  V  I  X  E  U  K
R  V  S  B  T  M  B  S  T  E  Q  T  T  J  G
B  E  P  I  E  O  K  T  E  P  P  S  E  M  U
K  R  A  Z  R  I  D  D  M  A  V  Y  Q  S  P
P  E  R  K  P  X  G  R  J  X  G  I  L  S  E
H  N  A  H  M  X  H  V  F  N  X  A  H  H  I
K  C  H  D  L  H  Q  I  X  X  N  F  I  O  Q
D  E  D  O  W  O  B  J  U  T  P  Y  R  N  R
C  G  D  R  P  X  J  F  L  Q  P  D  J  U  K
C  R  M  X  D  A  P  U  W  V  L  A  N  G  S
K  Q  D  O  C  J  O  S  T  W  R  E  O  U  A
L  K  O  U  Y  R  Z  G  M  S  V  E  C  T  L
V  K  J  E  U  O  K  Z  X  I  A  I  F  X  N
P  J  Y  A  N  O  E  K  R  M  U  X  H  B  R
```

RETURN	REVERED	REVERENCE
RISE	RISE AGAIN	RISEN
RITES		

Puzzle #37

RITUAL

R	L	L	O	R	S	A	C	R	A	M	E	N	T	E
O	D	E	R	C	A	S	A	C	R	I	S	T	Y	V
A	S	G	N	L	C	W	N	K	E	H	O	K	K	E
S	Q	A	K	O	R	H	K	E	V	O	V	Y	N	O
T	E	I	C	N	I	D	X	M	V	M	H	F	V	J
L	U	R	L	R	F	T	T	S	Z	V	O	U	S	O
A	E	N	K	M	I	Y	A	Y	E	U	J	X	I	F
M	F	G	J	B	C	F	S	V	W	L	V	Q	O	B
B	L	C	S	B	E	D	I	M	L	R	D	L	F	O
G	J	A	M	H	O	P	Y	C	Y	A	Z	S	E	G
F	T	I	S	O	G	U	J	A	I	U	S	D	I	B
R	A	E	Q	V	E	X	F	S	S	A	T	C	H	I
H	B	H	I	K	H	K	M	G	T	F	L	W	F	E
P	N	H	S	H	Y	T	W	P	A	E	D	M	Y	F
K	K	M	L	B	R	V	Q	S	I	O	F	R	J	Q

ROAST LAMB	ROLL	SACRAMENT
SACRED	SACRIFICE	SACRIFICIAL
SACRISTY	SALVATION	

Puzzle #38

SANCTITY

E	R	D	L	G	S	H	S	S	N	O	S	A	E	S
C	V	O	N	P	E	M	C	C	B	Y	G	D	N	T
D	G	A	I	K	L	L	H	R	C	C	E	D	Y	L
L	H	H	S	V	F	N	E	I	A	O	G	K	P	L
L	U	B	N	V	A	X	D	P	E	E	N	A	B	M
T	N	A	V	R	E	S	U	T	J	W	S	E	Z	F
F	J	V	E	W	D	S	L	U	P	V	H	M	Q	U
E	M	H	A	L	T	H	E	R	Q	X	R	Y	E	M
F	V	H	F	L	A	V	D	E	R	D	B	W	J	E
G	J	D	P	Z	O	N	U	N	F	O	O	U	F	T
T	Z	X	M	T	K	V	D	Z	Z	H	N	H	U	B
S	T	D	I	A	K	A	Y	X	F	X	W	V	A	V
T	X	U	K	N	J	Z	U	R	R	Q	J	N	L	X
A	O	U	C	M	H	O	O	E	Q	R	Z	F	E	F
D	U	P	U	F	Q	L	L	C	H	P	A	M	Y	V

SAVE SAVIOR SCHEDULE
SCRIPTURE SEARCH SEASON
SELF SERVANT

Puzzle #39

SERVICES

```
G  E  N  I  H  S  W  S  I  N  G  Z  Y  T  J
R  N  J  M  A  F  P  H  N  S  S  N  P  Q  Q
A  E  I  A  D  Z  V  R  O  U  O  J  I  Q  G
R  C  N  R  E  N  H  O  U  B  G  L  J  S  C
V  C  R  N  A  M  A  V  Z  U  V  G  A  K  Y
D  M  A  S  I  H  B  E  S  F  J  O  L  C  Z
U  T  V  C  Q  S  S  T  I  R  C  E  A  E  E
M  X  E  K  Y  N  N  U  B  E  M  O  S  N  O
O  G  A  Q  R  H  C  E  J  S  O  T  B  J  N
R  Y  S  X  M  U  T  S  F  C  I  Q  B  R  V
Z  J  I  L  U  Q  H  D  A  N  A  F  L  O  X
Z  G  R  V  R  C  M  A  M  S  T  D  X  S  Q
A  F  A  R  S  E  H  Y  I  Q  U  Q  J  U  G
V  V  M  M  F  X  U  P  X  M  T  V  S  B  J
N  Q  M  I  O  J  W  F  C  H  E  R  U  G  I
```

SHARING	SING	SOMEBUNNY
SHINE	SINNER	
SHROVETUESDAY	SNUGGLE	
SIN	SOLACE	

SONG

L	A	I	C	E	P	S	P	I	R	I	T	U	A	L
S	P	R	I	N	G	W	M	U	S	T	O	L	E	U
K	A	E	R	B	G	N	I	R	P	S	D	X	J	H
S	K	U	F	P	I	H	S	D	R	A	W	E	T	S
T	P	Y	A	D	N	U	S	J	I	S	X	Y	F	O
X	Z	R	O	S	N	A	W	O	N	R	B	G	J	L
J	Z	S	I	Y	K	Y	B	K	G	F	C	C	Y	I
J	O	A	B	N	R	V	O	P	T	T	X	L	T	Y
R	E	N	N	V	G	S	X	Q	I	D	B	S	F	G
W	G	W	W	V	Q	G	C	Y	M	R	C	J	Y	S
F	C	D	N	T	Z	I	R	J	E	P	D	Q	E	W
W	Q	M	Z	L	A	F	I	A	Y	Q	Z	D	X	Q
U	P	D	R	P	V	I	J	A	S	Z	U	O	A	O
Q	E	Y	G	U	F	W	L	Z	Y	S	S	F	U	X
Q	Q	F	O	C	W	Y	U	U	E	I	J	I	N	I

SPECIAL	SPRING GRASS	SUNDAY
SPIRITUAL	SPRING TIME	
SPRING	STEWARDSHIP	
SPRING BREAK	STOLE	

Puzzle #41

SUNDAY ROAST

T E S I R P R U S L O B M Y S

C R E W Q I O D Q T S M Q Z H

V Y O T E C E G L O E S J X M

T Q U P U E U A Y D L E H B T

Y W O Q P F T N O S V N W K R

Q C Y E R U C I L O B M Y S W

D G J T B Q S S H N M U F Q N

E Z I L O B M Y S S K B Z O E

J G J Q R H N D T O S Z P H D

N H R C S A K X D F E B R K D

V N O Y F P R H F D X M A L Z

E U D I B X V Y J L Q X J V E

B O K C P B M H C M K K P W V

F K P I U O E I B S Y K Z O P

W Y K Z J Z K W M H D M R J O

SUPPORT

SWEETS

SYMBOLIZE

SURPRISE

SYMBOL

SWEET

SYMBOLIC

Puzzle #42

TEMPTING

E T E N E T H E M E R J N G S
R A L U F H T I A F E H T L B
B O R Y A D D R I H T L E S N
F M F B F Z Z F F Z E Q Z T Y
W A O E E F G D H J A W V Z M
X V I T Y N L R S W O T Q W C
U N N T U D E N Y Q P L Y J Q
F L O Z O Y O T A B U D K P A
H F O M O U L T U E T Q W I P
J N Y B S C Z N U G B U H M J
Z C P I P S U N O N Z Q R V K
Z H O F C Q A U K P V A V L F
N E F R D D D I Z Q S P R Q D
L F X S O A Z D U C M V V E S
A C W T J F B T W L F J N M K

TENEBRAE   TENET   THE FAITHFUL
THEME   THIRD DAY   TO DYE FOR
TOMB   TOMB

Puzzle #43

TRADITION

```
T  R  I  U  M  P  H  A  N  T  R  U  T  H  N
U  R  U  L  T  I  M  A  T  E  U  A  H  O  A
R  N  A  N  Y  I  O  Q  A  K  F  L  M  W  O
K  T  D  D  I  F  B  H  S  J  V  V  I  T  L
E  T  M  E  I  F  I  V  X  E  L  S  B  P  X
Y  C  I  I  R  T  I  N  B  A  U  W  T  Z  S
J  Q  O  S  Z  S  I  C  U  D  E  F  F  S  X
H  X  D  I  W  R  T  O  A  B  A  J  M  L  Q
N  M  Y  O  A  L  H  A  N  T  C  F  Z  W  I
Z  X  F  Q  Y  D  C  Q  N  A  I  N  V  U  I
V  G  Q  F  D  Y  L  U  F  D  L  O  Q  N  D
Z  C  Q  Z  Q  W  I  C  L  Y  I  L  N  I  Z
R  S  T  D  J  R  E  E  H  C  G  N  F  P  W
O  Q  V  P  H  K  T  O  S  W  M  T  G  N  H
S  W  X  V  V  M  T  K  Q  Y  F  Y  F  Z  L
```

TRADITIONAL	TURKEY	UNIFY
TRIUMPHANT	ULTIMATE	
TRUTH	UNDERSTANDING	
TULIPS	UNIFICATION	

UNIQUE

Y	L	N	N	T	V	I	G	I	L	V	E	P	N	P
C	T	A	O	O	N	E	B	W	R	E	Z	T	X	J
Y	P	I	S	I	I	Y	N	T	E	N	W	P	X	R
L	C	J	N	R	T	S	G	E	Z	E	Y	Y	V	K
J	W	M	D	U	E	A	R	B	R	R	V	G	V	Y
N	N	H	S	Q	Q	V	C	E	B	A	O	N	O	W
B	A	J	H	Q	H	N	I	A	V	B	T	S	V	Q
U	Q	U	G	A	H	C	P	N	V	L	W	I	Y	U
S	T	N	E	M	T	S	E	V	U	E	Q	B	O	F
V	I	G	I	L	A	N	C	E	C	H	Z	A	X	N
B	C	I	C	F	O	G	G	M	P	J	J	K	N	C
I	P	Q	R	M	L	H	R	M	N	U	Q	G	R	X
K	W	L	F	X	S	T	U	B	Q	P	W	J	M	X
T	C	O	N	Q	Y	I	O	Q	Q	P	E	R	J	S
Z	Z	P	V	A	N	N	J	K	W	I	V	Q	X	J

UNITY	VENERATION	VIGILANCE
UNIVERSAL	VERSION	
VACATION	VESTMENTS	
VENERABLE	VIGIL	

A HOLY OCCASION
Puzzle # 1

M		A	L	T	A	R	A	L	Y				
A	I				L		L	P	E	A			
	S	A			I		L		R	G	R		
		C	L		V		E		I	N	R		
			E	C	E		L			L	A	A	
				N	C		U	A	S	C	E	N	T
					D	A	I						
							A						

ASH WEDNESDAY
Puzzle # 2

S	S	E	N	E	R	A	W	A	G	N	I	K	A	B
B	A	P	T	I	S	M	W	C						
G	A							E	I					
	N	S	B	E	H	A	P	P	Y	S				
		I	K							A				
			N	E							B			
			N	T										
				I										
				G										
					E									
					B									

BELIEF
Puzzle # 3

E	L	B	I	B	L	E	S	S	I	N	G	S	B
Y	V		L		O	H	C	N	U	R	B		O
	N	E		E		U	T	E	F	F	U	B	N
		N	I		S		Q						N
			U	L		S		U					E
				B	E		E		E				T
					B			D		T			

BUNNY TRACKS
Puzzle # 4

C	Y					C	T	O	R	R	A	C	C	C
A		D				A					A	A	A	
N	N		N			P					R	T	T	
D		O		A		T					R	H	H	
L			I		C	U					O	E	O	
E			E	T	A	R	B	E	L	E	C	T	D	L
S				A	E						P	R	I	
				R							A	A	C	
					B						T	L		
						E					C			
							L				H			
								E						
									C					

CHAPEL
Puzzle # 5

S	C	H	I	L	D	R	E	N	C	H	O	I	R	
T	K	C	H	O	C	O	L	A	T	E				
N	S	C	Y											
	A	I	I	T										
		I	R	H	I									
			T	H	C	N								
			S	C		A								
				I			I							
				R			T							
					H			S						
					C				I					
									R					
										H				
											C			

CHURCH
Puzzle # 6

C	O	L	L	E	C	T	I	O	N	C	C			
O	O	E	N						O	O				
L		L	T	O				M	M					
O			O	A	I			F	M					
R			R	R	N			O	U					
			I	O	U			R	N					
			N	M	M			T	I					
			G	E	M			T						
			M	O	Y									
			M	C										
			O											
				C										

CONFECTION
Puzzle # 7

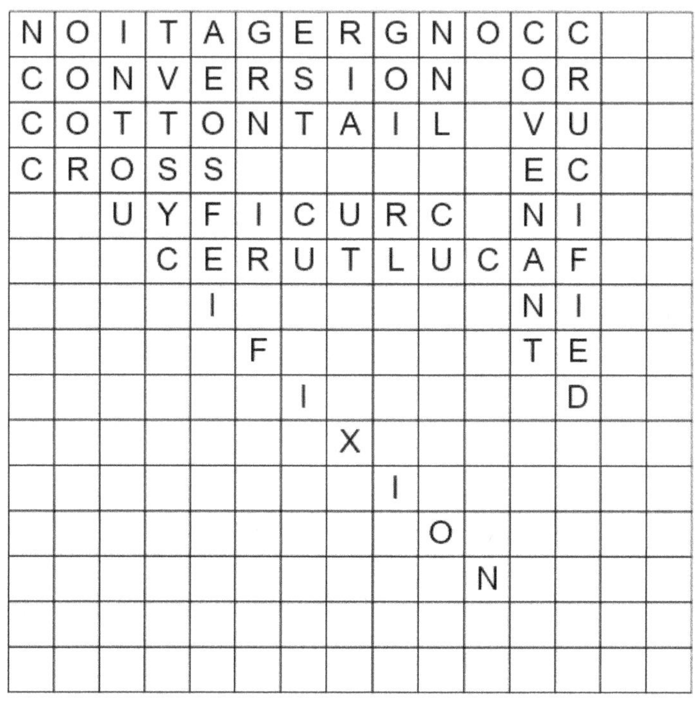

N	O	I	T	A	G	E	R	G	N	O	C	C		
C	O	N	V	E	R	S	I	O	N		O	R		
C	O	T	T	O	N	T	A	I	L		V	U		
C	R	O	S	S							E	C		
	U	Y	F	I	C	U	R	C		N	I			
		C	E	R	U	T	L	U	C	A	F			
		I							N	I				
		F						T	E					
			I					D						
			X											
				I										
					O									
					N									

CUSTOM
Puzzle # 8

L	I	D	O	F	F	A	D				D			
D	A	Y	O	F	H	O	P	E			E			
E	N	D	S	G	G	E	E	T	A	R	O	C	E	D
	T	O	E				T		O					
	A	I	F					H	R					
	R	T	E					A						
	O	A	A					T						
	C	R	T					I						
	E	O	D					V						
	D	C	E					E						
D	E	L	I	C	I	O	U	S	E	A				
					D	T								
					H									

DELIGHT
Puzzle # 9

D	E	D	E				D	I	S	P	L	A	Y
I	E	T	E	N			I						
E	D	L	A	V	I		N						
		I	I	R	O	D	N						
			S	G	T	T	E						
				C	H	S	E	R					
					O	T	N						
						V	F	O					
							E	U	M				
								R	L	E			
									Y		D		

DUCKS
Puzzle # 10

D	D	E	E			E		E						
	Y	Y	A	A		A		A						
		E	I	S	S	S		S						
			D	N	T	T		T						
				E	G	E	E	E						
					G	R	R	R						
						G		B	B					
							S	E	A	R				
								L		S	U			
								L			K	N		
								S				E	C	
													T	H

EASTER BUNNY
Puzzle # 11

S	E	A	S	T	E	R	F	E	A	S	T			
	S	A		E	A	S	T	E	R	H	A	M		
		E	S		S									
			R	T	T									
				D	E									
					R	R								
					E	E	F							
					G		T	L						
					G			S	O					
									A	W				
										E	E			
												R		

EASTER MIRACLE
Puzzle # 12

T	E	A	S	T	E	R	S	T	O	R	Y			
	I	A	S	T	A	E	R	T	R	E	T	S	A	E
		F	S											
			T	T										
				U	E									
					O	R								
						R	P							
							E	A						
								T	R					
									S	A				
										A	D			
											E	E		

EASTER SERVICE
Puzzle # 13

E	L	G	E	G	G	C	E	L	L	E	N	T		
D	D	A	G	T	E	G	G	C	I	T	I	N	G	
E	E	I	C	E	N		G							
	G	T	T	I		E	S							
		G	I	R	N		M							
			S	C	E	E		E						
				A	G	T	M		T					
					C	G	S	U		I				
						T	E	A	C		C			
						L		E	E			G		
							Y						G	
														E

EGG-SHAPED CANDIES
Puzzle # 14

E	G	G	S	P	E	C	I	A	L	L	Y		
T	G	E	M	E	R	T	S	G	G	E			
T	R	G	N				N						
	N	E	S	I				E					
		E	P	P	A				M				
			M	S	O	T			T				
				E	G	S	R			C			
					G	G	E	E			A		
						A	E	D	T			N	
							R		N				E
								U		E			
								O					
									C				
									N				
										E			

ETERNAL
Puzzle # 15

E	Y	E	U	C	H	A	R	I	S	T	F	E
G	F	T	X			T					A	X
	N	I	I	C				I			C	P
		I	L	N	I		A				I	R
			T	L	R	T		F			L	E
				S	A	E	E				I	S
					A	N	T	M			T	S
						L	R	E	E		Y	I
							R	E		N		O
								E	T		T	N
									V	E		
										E		

FAITHFUL
Puzzle # 16

Y	F	A	S	T		F	E			F	D	N	I	F
	L	E				A		R		E				E
		I	A			U			U	S				S
			M	S		X				T				T
				A	T	G				I	A			I
					F	R				V		E		V
						A				A			F	E
						S				L				
				S	F	I	N	D	E	G	G	S		

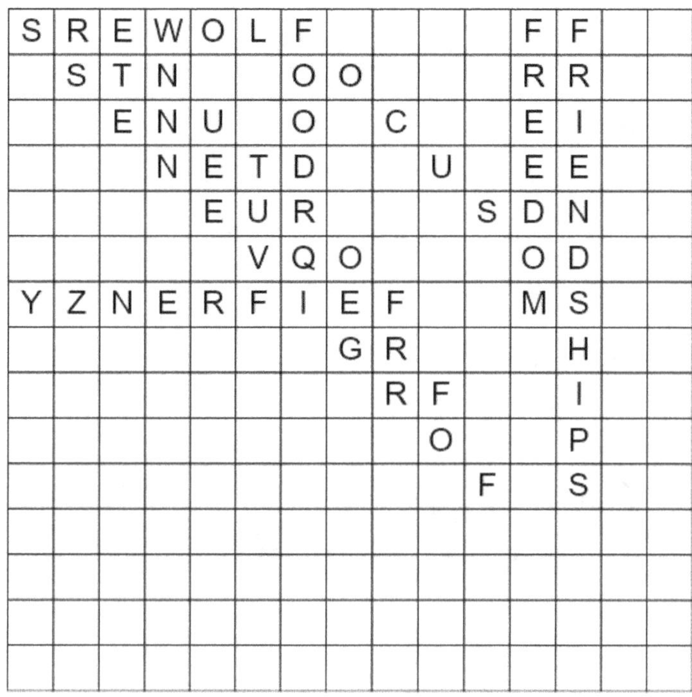

FINERY
Puzzle # 17

S	R	E	W	O	L	F				F	F		
	S	T	N			O	O			R	R		
		E	N	U		O		C		E	I		
			N	E	T	D			U	E	E		
				E	U	R			S	D	N		
					V	Q	O			O	D		
Y	Z	N	E	R	F	I	E	F		M	S		
						G	R				H		
						R	F				I		
							O				P		
								F			S		

FRILLS
Puzzle # 18

F	U	N	C	T	I	O	N	G	I	F	T	S		
L	U	G		I	S	U	O	I	R	O	L	G		
	A	N	N		M	Y	R	O	L	G				
		T		I		O								
			N		R		N							
			E		E		O							
			M		H		R							
			A		T		T							
			D		A		S							
			N		G		A							
			U				G							
			F											

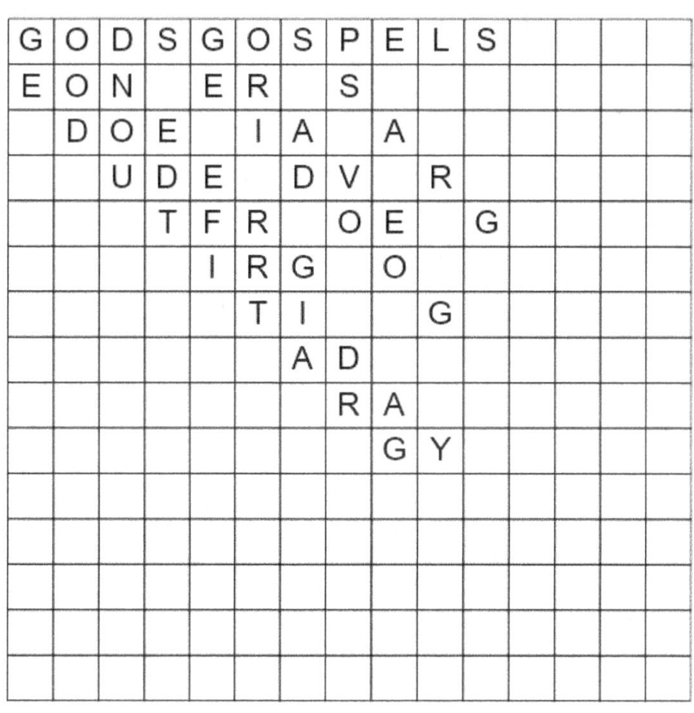

GO TO CHURCH
Puzzle # 19

G	O	D	S	G	O	S	P	E	L	S				
E	O	N		E	R		S							
	D	O	E		I	A		A						
	U	D	E		D	V		R						
		T	F	R		O	E		G					
			I	R	G		O							
			T	I			G							
			A	D										
			R	A										
			G	Y										

GUEST
Puzzle # 20

E	T	L	I	U	G	H	M	H	A	P	P	Y		
R	D	D	H			A	A							
	E	I	E	A		L	H							
	T	U	L	T		L								
	S	G	I	C		O								
	A		O	H		W								
	E		B	I			E							
	Y		D	N			D							
	P		R	G										
	P		A	E										
	A		H	G										
	H		G											
					S									

HATCHLINGS
Puzzle # 21

H	N	E	V	A	E	H	Y	G							
A	R	E	S			I		L	N						
T		E	D	G		D			N	I					
S			T	D	G	E				E	D				
			F	I	E					V	I				
			A	H	E					A	H				
				E		D					E				
				R		I									H
				E		H									
				H											

HIPPITY-HOP
Puzzle # 22

Y	H	Y	A	D	Y	L	O	H	H						
	A	O	L	K				O	O						
		D	L	O	E					M	N				
			I	L	H	E					E	O			
				L	E		W							R	
					O	R		Y							
						H			L						
Y	A	D	R	U	T	A	S	Y	L	O	H	H			
											H				

HOP
Puzzle # 23

H	Y	H	O	T	C	R	O	S	S	B	U	N	S		
I	O	P	U	I	M	P	A	C	T						
	M	P	P	N	I	N	D	U	L	G	E				
		M	E	O	T										
			O		H										
S	U	O	I	R	T	S	U	D	N	I					
					T										
					A										
					L										

INFLUENCE
Puzzle # 24

N	I	N	S	P	I	R	A	T	I	O	N	A	L		I
J	O	E	L	B	I	T	S	I	S	E	R	R	I		N
E	J	I	J	E	S	U	S								T
L	E	Y	T	S	I	R	H	C	S	U	S	E	J	E	E
L	R			O	A										R
Y	U				J	R									A
B	S						I								C
E	A							P							T
A	L								S						I
N	E									N					O
S	M										I				N

JOYFUL
Puzzle # 25

S	J	U	B	I	L	A	N	T	K	I	S	S	E	S
M	U	U	L	E	E	N	K	B		E				
	O	O	B				M		E					
	D	Y	I				L	A	U	N	C	H		
		G	O	L				L						
		N	J	A										
			I		T									
			K		I									
				O										
				N										

LAVISH
Puzzle # 26

T	N	E	L	S	Y	Y								
S	H	Y	F	E	E	L	G							
	E	G	R	I	N	I	I	R						
	L	I	O	L	T	L	L	U						
		D	L	L		E	I		T					
			N		G		N	L		I				
				A		N					L			
				C		I								
				T		E								
				H		V								
				G		I								
				I		L								
				L										

LORD
Puzzle # 27

Y	L	E	V	O	L	M	A	R	C	H	S	S	A	M
N	M	U	M	E	A	N	I	N	G		S			
	O	A	X						R					
	I	R	U							A				
	T	S	R								M			
	A	H	I											
	T	M	O											
	S	A	U											
	E	L	S											
	F	L												
	I	O												
	N	W												
	A	S												
	M													

MEANINGFUL
Puzzle # 28

N	O	I	T	A	T	I	D	E	M					
S	R	E	B	M	E	M	E	R	C	I	F	U	L	
M	E	S	S	A	G	E	Y	L						
	I	U				R	C							
	R	O				T	A							
	O	L				S	R							
	M	U					I	I						
	E	C					N	M						
	M	A						I						
	R								M					
	I													
	M													

MISSION
Puzzle # 29

G	C	I	S	U	M	N	T	W	E	N	N
S	N	N					A	S		E	
	E	I	R				R	E		V	
		H	N	O			T	N		E	
			T	R	B			H		R	
				O	O	W				E	
					L	M	E			N	X
						C		N		D	
						W				I	
								E		N	
								N		G	

NEWTESTAMENT
Puzzle # 30

D	Y	E	S	O	F	F	I	C	I	A	L	O	O
P	E	S	L	U								B	V
	A	E	I	B	O							S	A
		L	R	O	A	R						E	T
			M	C	N	E	E					R	I
					E		C	M				V	O
						N		I	U			A	N
							E		T	N		N	
O	U	T	R	E	A	C	H	C		O		C	
									I		N	E	
									N				

PALM SUNDAY
Puzzle # 31

P	E	R	P	A	R	T	A	K	E			
N	A	D	E	P	A	S	S	O	V	E	R	
L	O	P	A	N	S	E	I	R	T	S	A	P
E	E	I	E	R	O							
	T	T	S	R	A	I						
		U	S	S		P	H					
			B	A	A			S				
				I	P	P			I			
					R					R		
						T					A	
							Y					P
								A				
									P			

PEEPS
Puzzle # 32

T	S	O	C	E	T	N	E	P		K	P			P
P	E	R	F	O	R	M	A	N	C	E	N	R		R
P	L	P	O	S	I	E	S					I	A	A
	R	A	P	O	W	E	R						P	Y
		E	S											E
		A	T											R
			C	I										
			H	C										
					E									
						G								
							G							
								S						

PRIORITY
Puzzle # 33

E	P	R	I	Z	E	P	U	R	P	L	E	P	
Y	G	R	Y			T	R					R	
	A	E	O	F			O	O				O	
		D	L	G	I			M	T			T	
			N	I	R	R			O	E		E	
				U	V	A	U			R	C	S	
					S	I	M	P			P	T	
						M	R					A	
							L	P				N	
								A				T	
									S				
										P			

QUAINT
Puzzle # 34

T	R	A	B	B	I	T	E	K	C	A	R		
R	S	A	R	E	B	I	R	T	H				
	E	E	I	R	E	F	L	E	C	T	I	O	N
		A	U	S	R	E	J	O	I	C	E		
		D	Q	E									
			I		V								
				N		O							
					G		I						
						S		C					
									E				
										S			

RELIGION
Puzzle # 35

R	E	M	E	M	B	E	R				R		
E	R	E	P	E	N	T	E				E		
L	F	T					N				O		
I		I	C				E				R		
G			L	E			W				I		
I				D	R		A				E		
O					E	R	L				N		
U						W	U				T		
S							E	S			A		
								N	E		T		
									E	R	I		
										R	O		
R	E	S	E	R	V	A	T	I	O	N	N		

RESURRECTION
Puzzle # 36

N	R	U	T	E	R	E	V	E	R	E	D		
	E	S	I	R		I				I			
	V	S					S			T			
	E		I				E					E	
	R		R					A					S
	E								G				
	N									A			
	C											I	
	E												N

RITUAL
Puzzle # 37

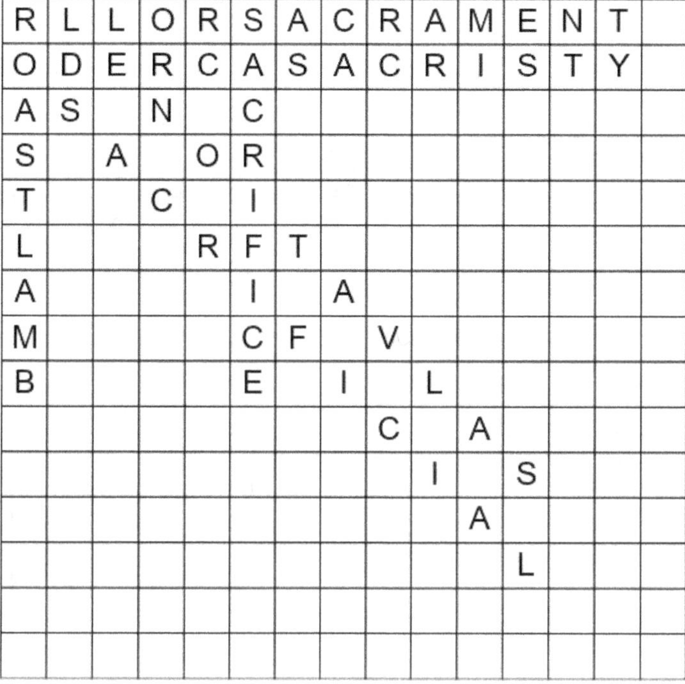

SANCTITY
Puzzle # 38

SERVICES
Puzzle # 39

SONG
Puzzle # 40

SUNDAY ROAST
Puzzle # 41

T	E	S	I	R	P	R	U	S	L	O	B	M	Y	S
	R		W						T					
		O		E						E				
			P		E						E			
				P		T						W		
					U	C	I	L	O	B	M	Y	S	
						S								
E	Z	I	L	O	B	M	Y	S						

TEMPTING
Puzzle # 42

E	T	E	N	E	T	H	E	M	E					
R	A	L	U	F	H	T	I	A	F	E	H	T		
B	O	R	Y	A	D	D	R	I	H	T				
	M	F	B											
	O	E	E											
	T	Y	N											
		D	E											
		O	T											
			T											

TRADITION
Puzzle # 43

T	R	I	U	M	P	H	A	N	T	R	U	T	H	
U	R	U	L	T	I	M	A	T	E	U				
R	N	A	N	Y					L					
K		D	D	I	F					I				
E			E	I	F	I					P			
Y				R	T	I	N						S	
				S	I	C	U							
				T	O	A								
					A	N	T							
					N	A	I							
					D	L	O							
					I		N							
					N									
					G									

UNIQUE
Puzzle # 44

Y	L	N	N		V	I	G	I	L	V				
	T	A	O	O		E				E				
		I	S	I	I		N			N				
			N	R	T	S		E		E				
				U	E	A	R		R	R				
					V	C	E			A				
						I	A	V	B	T				
						N	V	L		I				
S	T	N	E	M	T	S	E	V	U	E			O	
V	I	G	I	L	A	N	C	E						N